I0425082

Vavila Popovici

CUGETARI /

REFLECTIONS

(2022)

CUGETARI / REFLECTIONS

(2022)

Vavila Popovici

Tehnoredactare: Vavila Popovici
Traducere: Vavila Popovici
Corectare: Vavila Popovici
Coperta: Teodora Stoica

Chiar dacă omul merită mai mult, şi de cele mai multe ori merită, el trebuie să fie mulţumit cu puţinul pe care l-a dobândit. Şi când vrea să fie fericit, dacă poate – să mai lupte, dacă nu poate, să viseze! Cu ochii închişi sau cu ei deschişi. Şi visele ne pot ferici!

*

Even if the man deserves more, and most of the time he deserves, he must be satisfied with what little he has acquired. And when he wants to be happy, if he can - to fight, if he can't, to dream! With his eyes closed or with them open. And dreams can make us happy!

***

Adolescența este un turbion al vieții; puțini tineri știu ce drum să aleagă, îi tentează plăcerile, ușurătatea vieții, patimile le deschid brațele și pierd ani importanți din viață. De aceea trebuie sfătuiți. În final, alegerea s-o facă ei înșiși. Inima le va spune pe ce drum va trebui să meargă.

*

Adolescence is a whirlwind of life; few young people know which path to choose, they are tempted by the pleasures, the ease of life, the passions open their arms and they lose important years of life. That is why they should be advised. In the end, they make the choice themselves. Their hearts will tell them which way to go.

***

Există un moment al vieții, când omul se maturizează, începe să vadă ce greșeli a făcut, discerne binele de rău și caută un drum drept de urmat. Corectarea pe care o va face, îi va proteja viața, îi va defini destinul.

Doar că unii se maturizează prea târziu și viața nu-i așteaptă.

*

There is a time in life when man matures, begins to see what mistakes he has made, discerns good from evil and seeks a right path to follow. The correction he will make will protect his life, will define his destiny.

It's just that some are maturing too late and life is not waiting for them.

***

La bătrânețe, ne spun unii, n-ar trebui să ne plângem de durerile trupului și ale sufletului, fiindcă bătrânețea ține puțin. Dar ce altceva am putea face să ne distragă atenția de la durere, când suntem lipsiți de putere?

*

In old age, some tell us, we should not complain about the pains of the body and the soul, because old age lasts a little longer. But what else can we do to distract ourselves from pain when we are powerless?

***

Bătrânii, după o activitate de o viață, merită a fi considerații saci de înțelepciune, ci nu deșeuri ale vieții. Să folosim înțelepciunea lor, înainte de a se goli sacul.

*

The elderly, after a lifelong activity, deserve to be considered bags of wisdom, but not waste of life. Let's use their wisdom before emptying the bag.

***

Inteligența este un mijloc de cunoaștere, dar nu și de găsire a drumului spre dreptate și adevăr. Mai trebuie ținut cont și de valorile morale.

*

Intelligence is a means of knowing, but not of finding the way to justice and truth. Moral values must also be taken into account.

***

Fiecare națiune are o structură sufletească aparte, specifică. Așa a voit Divinitatea, pentru ca lumea să fie interesantă și oamenii să prezinte o vie atracție unii față de alții. Nicidecum să se respingă.

*

Each nation has a separate, specific soul structure. This is what the Divinity wanted, for the world to be interesting and for people to have a lively attraction to each other. Not to be rejected.

***

Întâi să asculţi cu atenţie, să treci cele auzite prin filtrul gândirii tale, şi numai apoi să dai răspunsul, să-ţi exprimi părerea. Astăzi oamenii se grăbesc, nu au timp să asculte, limitează reflecţia şi se grăbesc cu răspunsurile. De aici vin neînţelegerile.

*

First to listen carefully, to pass what you hear through the filter of your thinking, and only then to give the answer, to express your opinion. Today people are in a hurry, they don't have time to listen, they limit their reflection and they are in a hurry with the answers. That's where the misunderstandings come from.

***

Am spus-o de multe ori: Nu-mi plac oamenii ironici! Fiindcă întâlnim prea des ironia ieftină sau cea dureroasă, și de prea puține ori ironia fină (subtilă) sau cea cu tâlc făcută evident pentru însănătoșirea spiritului.

*

I've said it many times: I don't like ironic people! Because we too often encounter cheap or painful irony, and too seldom fine (subtle) or meaningful irony obviously made for the healing of the spirit.

***

Prostia se-ascunde, răutatea ţâşneşte, lăcomia regate dobândeşte.

*

Stupidity hides, wickedness springs up, greed acquires kingdoms.

***

Impulsul Divin îi dă omului puterea de a însufleţi spaţiul, a înfrumuseţa clipele prezente, a pregăti un viitor care să-l fericească.

*

The Divine impulse gives man the power to enliven space, to beautify the present moments, to prepare a future that will make him happy.

***

Dacă n-ar fi fost visele și speranța, cred că am fi murit de teama vieții.

*

If it weren't for dreams and hope, I think we would have died for fear of life.

***

Poate că omul ar trebui să se simtă tot atât de bine și în singurătate, cât și în „cireadă". În fond, nu are decât să aleagă!

*

Perhaps the man should feel as well in solitude as in the "herd". After all, he only has to choose!

***

Omul corupt nu se simte niciodată vinovat și merge atotbiruitor pe calea păcatului, a necinstei sale. Orgoliul însămânțat în sufletul lui, nu-i permite să recunoască vinovăția.

*

The corrupt man never feels guilty and goes all the way to sin, to his dishonesty. Pride sown in his soul, does not allow him to admit guilt.

***

Ar trebui făcută o monedă cu două feţe: pe una să fie scris bunacuviinţă (decenţă) şi pe alta neobrăzarea. Aruncată moneda, partea cu neobrăzarea ar cădea pe pământ atârnând mai greu, partea cu bunacuviinţă ar rămâne la vedere (conform legii lui Murphy – exemplul cu felia de pâine unsă!). Ar câştiga, în sfârşit, omul cu obraz.

*

A two-sided coin should be made: one should be written with kindness (decency) and the other with shamelessness. When the coin is thrown away, the part with the shamelessness would fall to the ground hanging harder, the decency part would remain visible (according to Murphy's Law – the example with the sliced bread!). The man with the cheek would finally win.

***

Rareori civilizația a mers la braț cu cultura. De cele mai multe ori a mers fiecare pe drumul său, cu viteza sa. Numai când se vor hotărî să nu se mai despartă, progresul omenirii va fi vizibil.

*

Rarely has civilization gone hand in hand with culture. Most of the time, each went his own way

*with his speed. Only when they decide not to
separate will the progress of mankind be visible.*

***

*Filozoful francez al Renașterii – Michel de
Montaigne observase că „Învățăm să trăim când
viața ne este pe sfârșite". Adevărat, dar la ce ne
mai folosește atunci?*

*

*French philosopher of the Renaissance –
Michel de Montaigne, observed that "We learn
to live when our lives are coming to an end".
True, but what good is it to us then?*

***

Străduieşte-te să înţelegi cu mintea ta ce se întâmplă în lumea în care trăieşti şi ce repercusiuni vor avea toate evenimentele asupra ta. Nu te conduce numai după judecata altora, fiindcă viaţa ta nu este aidoma cu a celorlalţi. Întotdeauna trebuie luate în calcul şi diferenţele, pe lângă factorul comun.

*

Strive to understand with your mind what is happening in the world in which you live and what repercussions all the events will have on you. Do not lead yourself only by the judgment of others, because your life is not like others. Differences must always be taken into account, in addition to the common factor.

***

Doar omului i s-a dăruit gradul înalt de gândire și ar fi cu adevărat păcat să nu fie fructificat, bonusul de Divinitate dat.

*

Only man has been given the high degree of thought, and it would be a real pity not to bear fruit, the bonus of Divinity given.

***

Oamenii respectuoși, atenți, gentili, sinceri și fermi în principii, sunt plăcuți de cei din jurul lor, pe când oamenii rigizi sau instabili (extremele deci) sunt văzuți ca niște oameni cu care nu poți discuta. De la ei te poți aștepta la orice reacție, inclusiv una violentă, în orice moment. Față de acești oameni trebuie să fim precauți.

*

Respectful, attentive, kind, sincere and firm people in principle, are liked by those around them, and rigid or unstable people (so extreme) are seen as people you can not talk to. You can expect any reaction from them, any time. We must be careful about these people.

***

Oamenii și-au lenevit spiritul. Acesta a devenit leneș, confuz. Hipertehnologizarea vieții a ajutat lenevirii. Nu te mai ostenești să gândești, când poți avea răspunsurile date de cei care au gândit pentru tine și îți dau răspunsurile standard pe calculator. Gimnastica minții nu mai este necesară. Automatismele vieții iau amploare. Totuși, n-ar trebui instituite și ore de gimnastică mintală pe lângă cea corporală?

*

People have been lazy. The spirit became lazy, confused. The hypertechnology of life has helped laziness. Don't bother to think, when you can have the answers given by those who thought for you and give you the standard answers on your computer. Gymnastics of the mind is no longer necessary. The automatisms of life are growing. However, shouldn't mental gymnastics classes be set up in addition to physical gymnastics classes?

***

Cum știe firul de trestie să se îndoaie la bătaia vântului, fără să se rupă!

*

How does the cane thread know to bend to the wind, without breaking!

***

Trăim într-o lume care se debarasează pe zi ce trece de conduita morală existentă până acum. Pentru a-și satisface interesele personale, unii adoptă și aplică păreri și principii noi, pe care le găsesc potrivite momentului. Și, uite-așa ne-ntoarcem la haosul din care ne-am născut.

„Din chaos, Doamne, am apărut / Şi m-aş întoarce-n chaos... / Şi din repaos m-am născut. Mi-e sete de repaos." (Eminescu)

Oare ne e sete de repaos?

*

We live in a world that is getting rid of the moral conduct that has existed so far. In order to satisfy their personal interests, some adopt and apply new opinions and principles, which they find appropriate for the moment. And so we return to the chaos from which we were born.

"Out of chaos, Lord, I appeared / And I would return to chaos... / And out of rest I was born. I'm thirsty for rest. " (Eminescu)

Are we thirsty for rest?

***

Suntem consumatorii acestei vieți și la urmă viața ne prezintă nota de plată. Dacă am muncit, avem cu ce plăti. Dacă am trândăvit, îi rămânem datori. Vom trece dincolo pe lista de rău-platnici. Dar remușcarea – reacția eului față de propriul sentiment de vinovăție – de care nu suntem scutiți în ultimele clipe ale vieții, cum o vom suporta?

*

We are the consumers of this life and in the end life presents us with the bill. If we worked, we have something to pay. If we are lazy, we owe him. We'll go over the list of bad payers. But the remorse – the self's reaction to our own guilt – that we are not exempt from in the last moments of life, how will we endure it?

***

Dumnezeu ne-a învățat binele și ordinea; omul L-a ascultat, învățătura Sa a continuat, dar multe a și stricat.

*

God has taught us goodness and order; man listened to him, his teaching continued, but he did corrupt many things.

***

Interesele țării se repercutează precum undele sonore sau luminoase asupra fiecăruia dintre noi. Ca atare, să veghem, să fim „ochi și urechi", să nu fim nepăsători.

*

The interests of the country are reflected as sound or light waves on each of us. As such, let us keep our eyes and ears open, let us not be careless.

***

Fermitate înseamnă a fi rânduit crezului tău, acela pe care l-a acceptat conştiinţa ta dintru început şi care, cu trecerea timpului ţi-a dovedit că se potriveşte cu gândirea, simţirea şi acţiunile tale.

*

Firmness means being ordained to your belief, the one that your conscience accepted from the beginning and which, over time, has proven to you that it fits your thinking, feeling and actions.

***

Viața ne este așa de scurtă, încât noi trebuie să o prelungim; mărirea acestei dimensiuni se poate face cu ajutorul clipelor de fericire obținute prin artă. Numărul clipelor vieții capătă atunci, calitatea strălucirii în care se pierde ființa noastră.

*

Our life is so short that we have to prolong it; increasing this size can be done with the help of the moments of happiness obtained through art.

The number of moments of life, then acquires the quality of the radiance in which our being is lost.

***

Arta trebuie să îndrepte anomaliile naturii, să o redea cât mai frumoasă, nicidecum s-o urâțească; atât frumosul cât și urâtul sunt preluate de simțurile noastre, iar ele pot inunda gândirea noastră.

*

Art must correct the anomalies of nature, to render it as beautiful as possible, but in no way to make it ugly; both – the beautiful and the ugly are taken over by our senses, and they can flood our thinking.

***

Michelangelo ne-a avertizat: „Se pictează cu creierul, nu cu mâinile!", ca atare să nu lăsăm simțurile pradă urâtului, grotescului, fiindcă atunci vom blasfemia creația lui Dumnezeu.

*

Michelangelo warned us: "It is painted with the brain, not with the hands!", so as not to leave the senses to the ugly, the grotesque, because then we will blaspheme God's creation.

***

*Nu poți să dorești ceva despre care nu ai habar.
Întâi cunoașterea, apoi glasul voinței care, va fi
oglinda inimii și-a trebuințelor tale.*

*

*You can't want something you don't know
about. First the knowledge, then the voice of the
will, which will be the mirror of your heart and
your needs.*

***

*Copilul ajuns matur este obligat să aibă grijă
de părintele său, drept răsplată a creșterii sale.*

*

*The adult child is obliged to take care of his
parent, for the reward of his upbringing.*

***

Dumnezeu îi dă omului copilul să și-l crească, iar copilului – să-și ducă părintele la groapă, cu a iubirii răsplată.

*

God gives man the child to raise him, and the child – to take his father to the grave, with the reward of love.

***

Când speri, aștepți ceva. Aștepți o lumină în viața ta.

*

When you hope, you expect something. You are waiting for a light in your life.

***

Urmează-ți crezul pentru liniștea ta sufletească.

*

Follow your creed for the peace of your soul.

***

M-a întrebat cineva de ce nu scriu mai multe articole despre evenimentele care se petrec în lume. Și mi-am adus aminte de răspunsul lui Paul Valery, la o astfel de întrebare: „Mă interesează marea, nu spuma valurilor".

*

Someone asked me why I don't write more articles about events happening in the world. And I remembered Paul Valery's answer to such a question: "I'm interested in the sea, not the foam of the waves".

***

Dacă nu am avea timp, nu am avea nici imaginație și nici memorie. Și dacă nu am avea memorie, nu am cunoaște timpul.

*

If we didn't have time, we wouldn't have imagination or memory. And if we didn't have memory, we wouldn't know time.

***

Gândul poetului este ca un fulger pe un cer plin de nori.

*

The poet's thought is like lightning in a cloudy sky.

***

Împlinirea cere timp. Dar merită să fie dăruit.

*

Fulfillment takes time. But it deserves to be given.

***

„Nu există artă pesimistă!", afirmă unii. Sau pesimismul nu este artă? Dar dacă este?

*

"There is no pessimistic art!", some say. Or is pessimism not art? But if it is?

***

Minţile înfierbântate uneori dau roade. Alteori nu fac decât să tulbure viaţa liniştită din jur.

*

Hot minds sometimes bear fruit. At other times, they only disturb the quiet life around them.

***

În viaţa sa omul are nevoie de o stea călăuzitoare, pentru a ajuta destinul să şi-l făptuiască. Altfel, omul hoinăreşte şi vremea vieţii iroseşte.

*

In his life man needs a guiding star to help his destiny to make it happen. Otherwise, man wanders and the time of life is wasted.

***

O iubire mare și statornică alungă tot răul și greutățile ivite.

*

A great and steadfast love drives away all the evil and hardships that have arisen.

***

Întrebare: În taină zbuciumul sufletului tău să-l păstrezi, sau să-l dăruiești lumii pentru a primi alinare? Sfatul meu este să-l împărtășești Tatălui ceresc. Atunci, din sufletul tău zbuciumul va pleca și de alinarea durerii te vei bucura.

*

Question: To keep the tumult of your soul in secret, or to give it to the world to receive relief? My advice is to share it with Heavenly Father. Then, from your soul, the tumult will leave and you will enjoy the relief of the pain.

***

Doar cât timp suntem în viață, fiecărei nopți îi succede o nouă zi – mișcare ciclică, ireversibilă, pe care o așteptăm și despre care nu știm niciodată cum va fi, dacă norocul sau nefericirea, în noi, culcuş îşi va găsi.

*

Just as long as we are alive, every night is followed by a new day - a cyclical, irreversible movement, which we expect and about which we never know what it will be, if luck or unhappiness finds its place in us.

***

Memoria umană – computerul din creierul nostru – dobândeşte, creşte, stochează, creează, informaţii prelucrează... Către sfârşitul vieţii pierde, scade şi ca oricărei maşinării, i se termină viaţa. Memoria pare de cineva furată. Cine o fi prădătorul? Şi ce interes are?

*

Human memory – the computer in our brains – acquires, grows, stores, creates, processes information… Towards the end of life it loses, it decreases and like any machine, its life ends. The memory looks like someone stole it. Who is the predator? And what's his interest?

***

La bătrânețe cresc renunțările, descresc așteptările.

*

In old age, dropouts increase, expectations decrease.

***

Da, „cât trăieşti, doreşti". Aceasta nu înseamnă să stai cu mâinile în sân şi să aştepţi acel cineva sau ceva, să vină, ci cu puterea pe care o mai ai, să ajuţi dorinţa ta să se-mplinească.

Nu-ţi conserva prea mult puterea, consum-o! Oricum, ea te va părăsi cândva. Şi ar fi dureros să plece cu dorinţa ta neîmplinită.

*

Yes, "as long as you live, you want." That not mean to sit with your hands on your chest and wait for that something or someone to come, but with the power you still have, to help your dream come true.

Don't conserve your power too much, consume it! Anyway, she'll leave you someday. And it would be painful to leave with your unfulfilled wish.

***

A spera înseamnă a aștepta, pe când a dori înseamnă a te implica, a căuta să realizezi ceva ce are un rost în viața ta.

*

To hope means to wait, while to want means to get involved, to seek to achieve something that makes sense in your life.

***

Pentru „Stânga" democrația înseamnă doar partidul său. Și vorba românului Petre Țuțea: „Când vine la putere, e pustiu."

*

For the "Left", democracy means only its party. And the words of the Romanian Petre Țuțea: "When he comes to power, he is deserted."

***

Unii lideri nu vor să respecte democrația. Ei vor o dictatură originală, or istoria ne-a dovedit că dictaturile, fie de stânga, fie de dreapta, înseamnă clar suprimarea libertății, îngrădirea oamenilor, controlul drastic al societății, pedepse majore date după bunul plac. De vină este delirul de grandoare (afecțiune psihiatrică) care-i cuprinde, crezând că au dobândit puteri regale sau chiar divine. Ferească-ne Doamne, să trecem printr-o nouă dictatură!

*

Some leaders do not want to respect democracy. They want an original dictatorship, or history has shown us that dictatorships, either left or right, clearly mean the suppression of freedom, the restriction of people, the drastic control of society, major punishments given at will. The culprit is the delusion of grandeur (psychiatric disorder) that encompasses them, believing that they have acquired royal or even divine powers. God forbid, let's go through a new dictatorship!

***

Cine ne-a pedepsit aducându-ne această pandemie? Știința, rău folosită desigur. Știința

*fără de Credință! Ne lipsesc îmbrățișările,
râsetele, conversația, s-a îngustat aria iubirii și a
lăsat loc urii; ni s-a redus spațiul de mișcare,
locuințele s-au transformat în adăposturi. Ne
lipsesc multe, prea multe și parcă nu mai credem
că va mai fi totul la fel. Și totuși sperăm, fiindcă
credința naște speranță și când ele există,
miracole se întâmplă.*

*

*Who punished us by bringing us this
pandemic? Science, misused of course. Science
without Faith! We miss hugs, laughter,
conversation, the area of love has narrowed and
left room for hatred; our space for movement has
been reduced, our homes have been transformed
into shelters. We miss a lot, too much and we
don't seem to think that everything will be the
same. And yet we hope, because faith gives birth
to hope and when they exist, miracles happen.*

***

Nu vă jucați cu țara, dragi politicieni! Nu este numai a voastră! Este a copiilor copiilor noștri și ai voștri!

*

Don't play with the country, dear politicians! It's not just yours! It belongs to the children of our children and yours!

***

Diapazonul poetului poate fi larg sau strâmt; importantă este senzația libertății pe care trebuie s-o aibă în momentul scrierii. Sunt clipele inspirației care fac minuni.

*

The poet's tuning fork can be wide or narrow; important is the feeling of freedom that you must have at the time of writing. It's the moments of inspiration that work wonders.

***

Prudent nu poate fi decât omul inteligent. Judecata îți poate salva viața. Uneori – norocul este deajuns. („Prost să fii, noroc să ai" spune proverbul românesc.)

*

Only the intelligent man can be prudent. Judgment can save your life. Sometimes — luck is enough. ("Be stupid, good luck," says the Romanian proverb.)

***

Fiecare om un rol pe scena vieții joacă. Important e ca rolul ales să fie potrivit sufletului său, și cu har să-l joace. Alegând mai multe roluri, riscă în niciunul să se împlinească, energia inutil să-și irosească.

*

Every man plays a role on the stage of life. It is important that the chosen role is appropriate to his soul, and gracefully play it. By choosing multiple roles, he risks in none of them being fulfilled, unnecessary energy being wasted.

***

La bătrânețe plecăm din astă lume lăsând în urmă – o tristă viață, de care, cu timpul, nimeni nu va mai știi. Poate de aceea punem cruci cu inscripții pe morminte.

*

In old age we leave this world, leaving behind – a sad life, which, in time, no one will know. Maybe that's why we put crosses with inscriptions on the graves.

***

Nu în zadar romanticul spaniol Francisco Goya a folosit expresia „Somnul rațiunii naște monștri", dând acest titlu unei gravuri ale sale. El și-a motivat temele ca provenind din extravaganțele și nebuniile societății în care trăia (sec.XVIII). Se repetă istoria?

*

Not in vain did the Spanish romantic Francisco Goya use the expression "The sleep of reason gives birth to monsters", giving this title to an engraving of his own. He motivated his themes as coming from the extravagances and madness of the society in which he lived (18th century). Is history repeating itself?

***

Spus-a Lavoisier:„nimic nu se pierde, nimic nu se câştigă, totul se transformă". Noi avem misiunea de a transfera trăirea noastră celor care vin după noi. Ei grijă vor avea, mai departe drumul transformării a-l urma.

*

Lavoisier said, "Nothing is lost, nothing is gained, everything is transformed." We have a mission to transfer our experience to those who come after us. They will be careful to follow the path of transformation.

***

Precum unui fiu de împărat îi sunt pregătite mai dinainte toate, omul a fost adus la existenţă după ce toate celelalte au fost create, pentru ca el să domnească peste ele. Şi i s-a dăruit verticalitatea, ca el-omul să poată privi Cerul, să mulţumească şi să se roage Dumnezeului său.

*

Just as everything is prepared for a king's son beforehand, man was brought into existence after all the others were created for him to rule over. And it was given to him verticality, that he might look upon the heaven, give thanks, and pray unto his God.

***

Destinul este timpul trăirii şi al trudirii întru devenirea noastră. Este alegere, elan, muncă, realizare.

*

Destiny is the time of living and toiling for our becoming. It is choice, enthusiasm, work, achievement.

***

Eşti ceea ce faci şi în urma ta laşi; ce mintea ta a gândit şi trupul a trudit.

*

You are what you do and you leave behind; what your mind has thought and your body has labored.

***

Prin muncă te supui legilor vieții adăugând nuanța unei culori; prin lenevie elimini o importantă perioadă a vieții, pe care nimeni nu ți-o mai poate restitui.

Viața ta schimbare doar înainte poate avea!

*

Through work you obey the laws of life by adding the hue of a color; by laziness you eliminate an important period of life, which no one can give you back.

Your life can only change before!

***

Munca îți aduce, de cele mai multe ori, mulțumirea sufletească. Recompensa meritată, din păcate, li se atribuie doar unora. Atât cea materială, cât și cea spirituală.

*

Work often brings you satisfaction. The deserved reward , unfortunately, is given to only a few. Both the material and the spiritual.

***

Viața ne este dăruită; ne aparține de la naștere până la moarte. Să o restituim Dăruitorului, cât mai fructuoasă.

---

*

Life is given to us; it belongs to us from birth to death. Let us return it to the Giver, as fruitful as possible.

***

Familia este de Dumnezeu rânduită, pentru a ne fi viaţa uşurată, şi clipa morţii – alinată.

*

The family is ordained by God, to make our life easier, and the moment of death – comforted.

***

Zadarnic deplângem momentele nefericite ale vieții noastre. Nimeni și nimic nu le mai poate schimba. Uneori, viața ne mai oferă timp pentru a ne mai bucura de ea.

*

In vain do we mourn the unhappy moments of our lives. No one and nothing can change them anymore. Sometimes, life gives us time to enjoy it.

***

Iubire primești din partea cuiva nu cerșind, ci tot iubire dăruind.

*

You receive love from someone not by begging, but by giving love.

***

Alungaţi virtuţile din sufletele oamenilor şi răul va plana asupră-ne.

*

Cast away the virtues from the souls of men, and evil will hover over us.

***

Înţelepciunea o poţi căpăta cunoscând profund omul şi viaţa.

*

You can gain wisdom by knowing man and life deeply.

***

Îndrăznește, cere, omule, dar întâi gândește la ceea ce vrei să ceri și cum să ceri. Și nu uita să mulțumești când ți se dă. În caz contrar, când vei mai cere, s-ar putea să nu mai fie auzită cerința ta.

*

Dare, ask, man, but first think about what you want to ask and how to ask. And don't forget to thank when it's given to you. Otherwise, when you ask again, your request may not be heard.

***

Căutați povățuitori! Cântăriți povețele! Țineți cont de cele bune dăruite de mințile unor oameni buni. Și nu uitați ce scrie în Sfânta Scriptură: „Cei lipsiți de povățuitori cad ca frunzele".

*

Look for advisors! Weigh the advices! Keep in mind the good things that come from the minds of good people. And do not forget what is written in the Holy Scriptures: "Those who are without guides fall like leaves".

***

Din tot ce vezi, asculți sau citești selectează binele și păstrează-l în mintea ta. Îți va folosi la definirea ființei tale.

*

From everything you see, hear or read, select the good and keep it in your mind. It will help you to define your being.

***

Văzând, citind sau ascultând, descoperim și înțelegem mai bine unele lucruri. Se definește filozofia vieții noastre, gândim și ne comportăm corect. Iată de ce este important, în special pentru copii și tineri, să vadă, să citească și să asculte cuvinte și fapte trecute prin filtrul moralității. Numai astfel vom avea oameni puternici și drepți ca brazii.

*

By seeing, reading, or listening, we discover and understand some things better. The philosophy of our life is defined, we think and behave correctly. That is why it is important, especially for children and young people, to see, read and listen to words and deeds passed through the filter of morality. Only then will we have people as strong and upright as fir trees.

***

Gândul este al tău, dar când îl pui în aplicare, nu mai este numai al tău. De aceea trebuie să fim selectivi în acțiunile pe care le întreprindem. Ca atare, liber eşti orice să gândeşti, dar alege binele pe care-l vrei să-l făptuieşti.

*

The thought is yours, but when you put it into practice, it is no longer yours alone. That is why we must be selective in the actions we take. As such, you are free to think, but choose the good you want to do.

***

Adaugă libertăţii, responsabilitatea pe care trebuie s-o ai în faţa societăţii.

*

Add to the freedom, the responsibility you have to have in front of society.

***

Cine se angajează să facă ordine în lume, mai întâi trebuie să-și facă ordine în viața sa. Și dacă ordine în viața sa este greu de realizat, mult mai greu va fi de obținut ordinea lumii în care trăiește.

*

Who commits himself to order in the world must first make order in his life. And if order in his life is difficult to achieve, the order of the world in which he lives will be much more difficult to achieve.

***

A cere este pentru noi, de cele mai multe ori, un gest umilitor. A-i cere lui Dumnezeu este întotdeauna un gest înălțător.

*

Asking is often a humiliating gesture for us. Asking God is always an uplifting gesture.

***

Facem prostii, greșeli în viețile noastre. Permițând creșterea numărului lor, îngustăm spațiul necesar lucrurilor merituoase și drepte.

*

We do nonsense, mistakes in our lives. By allowing them to increase in number, we are narrowing down the space needed for meritorious and righteous things.

***

Omul este tentat să-şi caute timp şi loc pentru trăirile sale sufleteşti, refugiindu-se în simplitate, momente care îl absolvă de trăirile inflamatoare ale vieţii. De ce există această tentaţie? Pentru că sufletul, precum şi trupul, simte nevoia de echilibru, de conservare a fiinţei. Faţă de intensitatea zbuciumului zilnic care a atins cote dramatice astăzi, el nu mai preferă alt gen de zgomot şi agitaţie, ci liniştea în care să poată gândi la altceva, în care să se poată concentra asupra unor teme prea puţin cunoscute de el până atunci, sau cărora nu a avut timp să le acorde atenție.

*

Man is tempted to seek time and place for his soul feelings, taking refuge in simplicity, moments that absolve him of the inflammatory feelings of life. Why is there such a temptation? Because the soul, as well as the body, feels the need for balance, for the preservation of the being. Compared to the intensity of the daily commotion that has reached dramatic heights today, he no longer prefers another kind of noise and agitation, but the peace in which he can think of something else, in which he can focus on topics little known to him until then, or who did not have time to pay attention.

***

A fura sufletul cuiva numai pentru a profita de ceva, este cu adevărat o crimă.

*

Stealing someone's soul just to take advantage of something is really a crime.

***

A profita de momentele grele ale cuiva pentru a-i cere ceva în favoarea ta, dovedeşte obrăznicie, ingratitudine. Napoleon Bonaparte dispreţuia ingratitudinea, considerând-o „cel mai urât defect al inimii".

*

Taking advantage of someone's hard times to ask for something in your favor proves impudence, ingratitude.

Napoleon Bonaparte despised ingratitude, calling it "the worst defect of the heart."

***

Când ajungi la bătrânețe, trebuie să socotești bine ce trebuie să faci cu timpul care ți-a mai rămas. Numai că nu știi niciodată cât ți-a mai rămas. Presupui doar. Și atunci când presupui, greșelilor te predispui.

*

When you reach old age, you need to think carefully about what you need to do with the time you have left. But you never know how much you'll have left. Just guess what. And when you assume, you are prone to mistakes.

***

Unii oameni se simt bine cu masca de Covid 19 pe faţă şi ochelarii cu lentile heliomate. Astfel îşi pot ascunde perfect făţărnicia.

*

Some people feel good with a Covid 19 mask on their face and glasses with heliomatic lenses. That way they can perfectly hide their hypocrisy.

***

De prostia unui om poți râde, fiindcă percepere ei ia contact direct cu mintea noastră, căreia îi jignește logica.

*

You can laugh at a man's stupidity, because his perception makes direct contact with our mind, which is offended by logic.

***

Doamne, clipele dăruite vieții ne sunt puține: mulți cer și poate nu ai de unde le mai da. Atunci, Doamne, dă-ni-le pe cele pierdute, să le putem umple goliciunea.

*

God, the moments given to life are few for us: many ask and maybe you have nowhere to go. Then, Lord, give us what we have lost, so that we can fill their emptiness.

***

Glasul lui Dumnezeu grăieşte pretutindeni. Străduieşte-te să-l auzi! Ai destule simţuri pentru aceasta!

*

The voice of God speaks everywhere. Strive to hear it! You have enough senses for this!

***

Ideal este să duci o viață modestă, curată. Uneori însă entuziasmul nu te lasă, te împinge spre o viață mai complicată, strălucitoare. Vei cunoaște clipe de înălțare, dar vei atrage și multă invidie din partea celor care nu vor fi în stare, să guste din roadele efortului tău.

*

It is ideal to lead a modest, clean life. But sometimes the enthusiasm doesn't let you down, it pushes you towards a more complicated, bright life. You will know moments of ascension, but you will also attract a lot of envy from those who will not be able to taste the fruits of your effort.

***

Este greu să suporți o absență care până la dispariție îți călăuzea viața. Și dacă ar fi numai una! Dar anii înregistrează și alte pierderi. Seria absențelor se amplifică. Sunt două căi pe care poți merge: disperarea, sau profunda înțelegere a vieții, a faptului că totul duce la dispariție, chiar propria-ți ființă. În acest ultim mod, vei știi să te bucuri pentru tot ce ți-a fost dat să fie.

*

It's hard to bear an absence that guided your life to the point of extinction. And if only there was one! But the years record other losses. The series of absences is amplifying. There are two ways you can go: despair or a deep understanding of life, of the fact that everything leads to extinction, even your own being. In this last way, you will know to rejoice in all that has been given to you.

***

Progresul omenirii este determinat de modul de a gândi şi a acţiona al oamenilor. Regresul zilelor noastre este determinat, în primul rând, de intoxicarea gândurilor. De aici s-a pornit către multe acţiuni care au creat destabilizarea societăţilor în care trăiesc oamenii. A crescut sentimentul urii şi dorinţa de luptă, de distrugere. Dar viaţa îşi urmează sinusoida ei! Progresul va bate din nou la uşă! Când şi cum, şi prin ce va trece omenirea până atunci, doar Dumnezeu ştie!

(Nu cerceta aceste legi, / Că eşti nebun când le-nţelegi! – G. Coşbuc)

*

Human progress is determined by the way people think and act. Today's regression is determined primarily by the intoxication of thoughts. From here, it started with many actions that led to the destabilization of societies in which people live. The feeling of hatred and the desire to fight, to destroy, increased. But life follows its sinusoid! Progress will knock on the door again! When and how, and what humanity will go through until then, only God knows!

(Do not research these laws, / That you are crazy when you understand them! - G. Coşbuc)

***

Orice schimbare are beneficii, dar şi multe sacrificii.

*

Every change has benefits, but also many sacrifices.

***

Clipele prezente nu permit retrăirea clipelor trecute. Ne oferă doar fugara lor amintire, având o nestăvilită și imposibilă poftă de retrăire.

*

The present moments do not allow the reliving of the past moments. It only gives us a fleeting memory of them, having an unbridled and impossible desire to relive.

***

Dacă sentimente nu am avea, nici farmecul acestei vieți nu l-am putea gusta.

*

If we did not have feelings, we would not be able to taste the charm of this life.

***

Omule, când te atinge orgoliul, amintește-ți cât de mic ești în acest univers. Iar când cineva te dezarmează și te umilește, ridică capul și-ți aminește că tu, doar tu, prin sufletul și credința ta, ajutor de la puterile cerești poți avea.

*

Man, when pride touches you, remember how small you are in this universe. And when someone disarms you and humiliates you, raise your head and reminds you that only you, through your soul and faith, can have help from the heavenly powers.

***

Tabla vieții fiecăruia dintre noi se umple de problemele avute. Viața noastră fiind un proces termodinamic, ireversibil, în care entropia crește, crește, starea de ordine dispare, se instalează dezordinea în organism și moartea e cea care încheie o parte a procesului. Cineva preia energia spiritului rămas. Un înger vine să șteargă tabla cu buretele. Un alt elev va fi adus la tablă. Perpetum mobile − nerealizat în întregime.

*

The table of life of each of us is filled with problems. Our life is a thermodynamic, irreversible process, in which the entropy increases, increases, the state of order disappears, disorder is installed in the body and death is what ends part of the process. Someone takes the energy of the remaining spirit. An angel comes to wipe the board with the sponge. Another student will be brought to the blackboard. Perpetum mobile − not fully realized.

***

*Degeaba ne-a dat Dumnezeu cele cinci simțuri,
dacă le folosim fără a înțelege; degeaba ne-a dat
Dumnezeu mintea, dacă nu ne străduim esența
lucrurilor s-o atingem. Uneori mă-ntreb: de ce
omului spiritul i-a dat? De ce unei frunze (cum
se întreabă Petre Țuțea), nu i l-a dăruit? Pe
semne că pe om (făcut după chipul și asemănarea
Lui) Dumnezeu mult l-a iubit.*

*

*In vain did God give us the five senses, if we
use them without understanding; in vain did
God give us the mind, if we do not strive to reach
the essence of things. Sometimes I wonder: why
did the spirit give man? Why didn't He give it
to a leaf (as Petre Țuțea wonders)? Probably God
loved man (made in His image and likeness).*

***

Unii vor („dar totul rămâne secret!") ca noi să devenim „câinii lui Pavlov", să reacționăm la fel într-o anumită situație, fără să mai chinuim gândirea noastră.

*

Some want ("but everything remains a secret!") for us to become "Pavlov's dogs", to react in the same way in a certain situation, without tormenting our thinking.

***

Unii mai cred că ne naștem doar pentru a face bani, a cumpăra, a consuma și a agonisi. Ei sunt preocupați doar de problemele practice, nu-i

*preocupă idealurile înalte, cele spirituale. Pe
când Dumnezeu socotește sufletul cel mai de
preț, spunându-ne: „Ce va folosi omul de ar
dobândi toată lumea și își va pierde sufletul
său?'' (Mc. 8, 36-37)*

*

*Some believe that we are born only to make
money, to buy, to consume and to agonize. They
are only concerned with practical issues, not
concerned with high, spiritual ideals. While God
counts the most precious soul, telling us: "What
good is it for a man to gain the whole world and
forfeit his soul?" (Mark 8: 36-37)*

***

Când ne rugăm cu lacrimi, înseamnă că am atins adâncimile sufletului nostru.

Când izbucnim în lacrimi, înseamnă că în inima noastră nu mai încape durerea.

*

When we pray with tears, it means that we have reached the depths of our soul.

When we burst into tears, it means that in our heart doesn't fit the pain.

***

Nu poate vărsa lacrimi cel ce şi-a zăvorât, cu voinţa sa, o uşiţă a sufletului. Nu i-o fi teamă de implozia inimii, a sufletului?

*

He who has locked a door of his soul with his will cannot shed tears. Wouldn't he be afraid of the implosion of the heart, of his soul?

***

Când ne hotărâm să plecăm pe alte meleaguri, avem convingerea că părăsim pentru totdeauna „eul nostru trist", că vom găsi altul, mai vesel, mai entuziast. De cele mai multe ori – nu se întâmplă!

*

When we decide to go to other lands, we are convinced that we are leaving the "our sad self" and that we will find a happier, more enthusiastic. Most of the time – it doesn't happen!

***

Oamenii ar trebui să fie conştienţi de existenţa, esenţa şi trăinicia Bibliei. Biblia trebuie citită, preţuită şi folosită, pentru a înţelege cine este Dumnezeu şi ce voieşte de la noi, pentru ca vieţile noastre să ne bucure.

*

People should be aware of the existence, essence, and permanence of the Bible. The Bible must be read, cherished, and used to understand who God is and what He wants from us, so that our lives may be happy.

***

Frumusețea e dăruită doar tinereții. La bătrânețe oamenii își schimbă înfățișarea. Se urâțesc, dar asta nu ne împiedică să-i iubim și să ne bucurăm cât timp îi mai avem.

*

Beauty is given only to youth. In old age, people change their appearance. They hate each other, but that doesn't stop us from loving them and enjoying them while we have them.

***

Nu am putut scrie niciodată la cerere sau la comandă! Am scris când am simțit că trebuie să scriu. *Dumnezeului îi mulțumesc pentru această libertate.*

*

I could never write on request or order! I wrote when I felt I had to write. Thank God for this freedom.

***

Este important să știm să trăim în noi înșine, viața celor din jurul nostru.

*

It is important to know how to live in ourselves, the life of those around us.

***

Mulți oameni s-au salvat în această perioadă, luând măsuri anti-pandemice, impresionați fiind de numărul morților de Covid-19. Frica a fost diminuată, dar, mă întreb: în viitor „lemnul strâmbat", va putea fi complet îndreptat?

*

Many people were saved during this period, taking anti-pandemic measures, impressed by the number of deaths by Covid-19. The fear has diminished, but I wonder: in the future, will "crooked wood" be completely right?

***

Fii atent, pretențios și responsabil pentru ceea ce îți propui să faci. Nu pierde timpul cu acțiuni inutile. Și alegând acel „util", să începi să-l și iubești. Se poate și invers: să te îndrăgostești de ceva, cineva, și cu timpul să constați că ți-a fost și de folos. Dar dacă nu ți-a fost, înseamnă că nu te-ai străduit să-ți fie.

*

Be thoughtful, picky and responsible for what you set out to do. Don't waste time with unnecessary actions. And choosing the "useful" one, start loving it. It can be the other way around: to fall in love with something, someone, and in time to find out that it was also useful to you. But if it wasn't for you, it means you didn't try to be.

***

Fericit va fi omul care cultivă de-a lungul vieții sale echilibrul dintre raționalitate și ideație. Sigur că nu este ușor!

*

Happy will be the man who cultivates throughout his life the balance between rationality and ideation. Of course it's not easy!

***

Dacă n-ar fi visele și speranța, am muri de teama vieții.

*

If it weren't for dreams and hope, we would die for fear of life.

***

Ochiul fiecăruia dintre noi aruncă propria-i lumină peste ceea ce privim. Să ne căutăm prietenii ai căror ochi au intensitatea, direcția de propagare (proprietățile de bază ale luminii), aidoma luminii ochilor noștri. Avem nevoie de prieteni mai mult ca oricând!

*

The eye of each of us throws its own light on what we see. Let's look for friends whose eyes have the intensity, the direction of propagation (the basic properties of light), as well as the light of our eyes. We need friends more than ever!

***

Clipele de fericire obținute prin artă, pot lungi dimensiunea vieții. Sunt clipele când ființa noastră pare că intră în eternitate. Pierdem noțiunea de timp și de spațiu.

*

The moments of happiness obtained through art can extend the size of life. These are the moments when our being seems to enter eternity. We lose the notion of time and space.

***

Până la perfecțiunea dăruită de Creator avem mult de lucrat și poate niciodată nu vom putea ajunge, dar menirea noastră este de a ne strădui. Prin artă și prin modul de-a trăi.

*

To the perfection given by the Creator we have a lot of work to do and we may never be able to reach it, but our purpose is to strive. Through art and the way of life.

***

Omul are datoria în fața Divinității de a lucra pentru spiritualitatea sa și a lumii întregi. În lipsa ei, materilitatea (independența față de conștiință) îl va ucide.

*

Man has a duty to the Divinity to work for his spirituality and that of the whole world. Without it, materiality (independence from consciousness) will kill him.

***

Ni se spune: „Dacă ne atrage credința, nu trebuie să ne sperie știința".

Iar eu spun: Când te atrage puternic știința, nu uita să-ți păstrezi Credința.

*

We are told: "If faith attracts us, science must not frighten us."

And I say: When science attracts you strongly, don't forget to keep your Faith.

***

Să ne facem ordine în gânduri, și faptele noastre vor fi "OK!"

*

Let's put our thoughts in order, and our actions will be "OK!"

***

Un însemnat om politic, economist francez a precizat: „Socialismul privește omul ca pe o materie primă, pe care Statul „atotștiutor" o poate elimina sau modela". Cu alte cuvinte, tu nu poți avea libertatea ta. Vor calcula să-ți dea

cât „ei" vor considera a fi nevoile tale. Și când ți
se va da, dreptul de a cârti nu-l vei avea.

*

A prominent French politician, economist,
stated: "Socialism regards man as a raw
material, which the 'all-knowing' state can
eliminate or shape." In other words, you can't
have your freedom. They will calculate to give
you how much "they" will consider your needs.
And when you are given it, you will not have the
right to murmur.

***

Socialiștii, comuniștii acestei lumi consideră că
trebuie să-și continue lupta. Au tăcut un timp,
mințind, înșelând propriul popor, dar pregătind

armanentul pentru luptă. Câtă trudă şi câţi bani cheltuiţi! Cine îşi poate închipui că tot acest armament, distrugerii nu va folosi?

*

The socialists, the communists of this world believe that they must continue their struggle. They were silent for a while, lying, deceiving their own people, but preparing the gunman for battle. How much toil and how much money you spend! Who can imagine that all this weapons, destruction will not be used?

***

Viitorul stă ascuns de noi. El va fi al celor care vor mai fi!

*

The future is hidden from us. He will belong to those who will be!

***

Se întreabă unii de ce mai scriu poeții despre iubire la o vârstă înaintată? Şi eu le spun încă odată: Fiindcă iubirea este veşnică, nemuritoare. Cu ea ne naştem, cu ea murim, cu ea ne ducem unde încă nu prea ştim!

*

Some wonder why poets still write about love at an advanced age? And I say unto them again: Because love is eternal, immortal. With her we are born, with her we die, with her we go where we still don't know!

***

Iubire înseamnă a te putea sprijini de umărul cuiva, și tot iubire mai înseamnă a dori să ții de mână pe cineva, a fi sprijinul cuiva.

*

Love means being able to lean on someone's shoulder, and love also means wanting to hold someone's hand, to be someone's support.

***

Viața ne aduce în calea ei oameni și întâmplări de care ar trebui să ținem seamă, să învățăm câte ceva. Dar noi rătăcim uneori pierdem timpul cu oameni care n-ar merita atenția cuvenită și care, culmea, au puterea de a ne face să ne schimbăm părerile. Pierdem statornicia gândurilor adunate cu atâta trudă. Păcat!

*

Life brings in its way people and events that we should take into account, to learn something. But we get lost, sometimes we waste time with people who don't deserve proper attention and who have the power to make us change our minds. We lose the steadfastness of thoughts gathered with so much effort. Sin!

***

Cred că nimeni nu te poate învăţa să scrii o poveste, să pictezi un tablou, ş.a.m.d., dacă acel „ceva" numit har, când vine, dacă vine, nu-l primeşti în genunchi, pentru ca el să rămână în tine.

*

I don't think anyone can teach you to write a story, to paint a picture, and so on, if that "something" called grace, when it comes, if it comes, you do not receive it on your knees, so that it remains in you.

***

Patriotism înseamnă să-ţi iubeşti ţara aşa cum îţi iubeşti casa, cu pereţii şi acoperişul ei, care te apără de „vântul" de afară.

*

Patriotism means loving your country as you love your house, with its walls and roof, that protects you from the "wind" outside.

***

Într-o clipă poți hotărî calea pe care vrei să mergi în viață și ea destinul îți va creona. Clipa morții va fi al destinului sfârșit, urmând judecata de cum l-ai săvârșit. Și-n principal, cât de mult ai iubit. Ce simplu pare, dar ce greu...

*

In an instant you can decide the path you want to take in life and it will shape your destiny. The moment of death will be the end of destiny, following the judgment of how you committed it. And most of all, how much you loved it. How simple it seems, but how hard...

***

Şi să te rogi, să mulţumeşti Domnului pentru fiecare nouă dimineaţă, fiindcă numai cât trăieşti poţi avea noi dimineţi.

*

And to pray, to thank the Lord for the every new morning, because only as long as you live can you have new mornings.

***

Să-nveți tăcerea într-o lume care a devenit prea zgomotoasă!

*

Learn the silence in a world that has become too noisy!

***

Ceea ce nu poate face omul, face Domnul. Și când face Domnul, învață omul.

*

What man cannot do, the Lord does. And when the Lord does, man learns.

***

Să doreşti şi să preţuieşti Pacea, atâta timp cât ea are suportul dreptăţii. Când nedreptatea îşi arată colţii, trebuie să veghezi, fiindcă ea, nedreptatea este un animal fioros care muşcă şi provoacă războirea.

*

To desire and cherish Peace, as long as it has the support of justice. When injustice shows its fangs, you have to be vigilant, because it is injustice that is a fierce animal that bites and provokes war.

***

Nu te încăpățâna să-ți conduci propria viață; mai apelează și la ajutorul partenerului tău, (partenerei tale). Poate va gândi mai bine ca tine, va fi matematician mai bun și va găsi soluții la problemele tale.

*

Don't be stubborn enough to lead your own life; also seek the help of your partner. Maybe he'll think better of you, be a better mathematician, and find solutions to your problems.

***

Când vezi, asculți sau citești ceva, nu lenevi, ci străduiește-te să înțelegi; dovedește-ți hărnicia minții. Și până nu înțelegi, nu trece mai departe.

---

*

When you see, hear, or read something, do not be lazy, but strive to understand; prove your mind's diligence. And until you understand, don't move on.

***

Tinerii cred că ei știu totul; bătrânii știu de ce tinerii nu pot ști totul.

*

Young people think they know everything; old people know why young people can't know everything.

***

Viața are victorii, înfrângeri și după fiecare victorie sau înfrângere există câte o pauză de relaxare, un restart lăuntric care nu durează mult, fiindcă viața e lacomă și ne cere să consumăm energia pe care o mai avem.

*

Life has victories, defeats and after each victory or defeat there is a break of relaxation, an inner restart that does not last long, because life is greedy and and it asks us to consume the energy we still have. requires us to consume the energy we still have.

***

Lectura unei cărți te poate smulge din brațele disperării. Ar trebui să fie intenția celui care o scrie.

*

Reading a book can snatch you from the arms of despair. It should be the intention of the writer.

***

Oamenii adevărați sunt asemenea plantelor care aduc folos lumii; alții sunt adevărate buruieni, nu aduc niciun folos, dar trăiesc în egoismul lor și se-nmulțesc stânjenitor..

*

Real people are like plants that benefit the world; others are real weeds, they are of no use, they bring no benefit, but they live in their selfishness and multiply embarrassingly.

***

Iertând pe un altul care ți-a greșit, vindeci o rană a sufletului tău. Pe toți, fiind prea mulți și neputându-i număra, nu-i poți ierta decât la moartea ta.

*

By forgiving another who has wronged you, you heal a wound of your soul. All of them, being too many and not being able to count them, you can only forgive them at your death.

***

Trecem prin timpul dăruit vieții noastre. Dar cum trecem? Târâș-grăpiș, defilând, alergând, în genunchi căzând? Cu demnitate mergând?

*

We go through the time given to our lives. But how do we get through? Crawling, scrolling, running, falling to your knees? Walking with dignity?

***

Ascultând ce gândesc alții despre tine, vei putea începe să gândești profund și tu despre tine. Te vei cunoaște mai bine.

*

By listening to what others think of you, you will be able to begin to think deeply about yourself. You will know yourself better.

**

Anotimpurile trec prin noi, iubindu-ne. Până se plictisesc și ne abandonează.

*

The seasons pass through us, loving us. Until they get bored and abandon us.

***

Vrei să fii fericit la bătrânețe? Scoate amintirile nefericite din mintea ta! Încearcă!

*

Do you want to be happy in old age? Take the unhappy memories out of your mind! Try!

***

Când te simți slăbit, roagă-L pe Dumnezeu putere să-ți dea pentru a mai face ceva. Numai El ți-o poate da!

*

When you feel weak, ask God to give you the strength to do something else. Only He can give it to you!

***

El se plânge mereu că este bolnav. Nu ştiu de ce boală suferă, dar de lene – sunt sigură.

*

He always complains that he's sick. I don't know why she's sick, but of laziness – I'm sure.

***

Să admirăm frumusețea fizică a unui om, așa cum admirăm o floare. Să nu-l invidiem, fiindcă ne otrăvim sufletul în zadar. Să iubim frumusețea unui suflet și să încercăm ca sufletul nostru să-i semene. Și să fim convinși că fiecăruia Dumnezeu câte ceva bun și frumos i-a dat, pentru a fi admirat.

*

Let us admire the physical beauty of a man as we admire a flower. Let us not envy him, for we have poisoned our souls in vain. Let us love the beauty of a soul and try to make our soul resemble it. And let us be convinced that God has given each one something good and beautiful to be admired.

***

Grav este când o tulburare psihică afectează conducătorul unui popor. Oamenii devin debusolați, nu mai au repere, trăiesc într-o lume nebună, nebună, de care nu știi ce se va alege.

*

It is serious when a mental disorder affects the leader of a people. People become confused, they no longer have landmarks, they live in a crazy, crazy world, from which you don't know what to choose.

***

Toți dictatorii sunt obsedați de asasinarea lor prin otrăvire, având în permanență pe cineva care să le guste mâncarea. Este un gest de lașitate. În zadar le-a dat exemplu demnul Socrate care, prin otrăvire cu cucută a dovedit caracterul său puternic. Putea să aleagă exilul, dar demn fiind, a refuzat. În spatele acestei temeri de otrăvire a dictatorilor, stă vinovăția pentru faptelor făcute.

*

All dictators are obsessed with their poisoning assassination, always having someone to taste their food. It's a gesture of cowardice. In vain did the worthy Socrates set an example for them, who, by poisoning with hemlock, proved his strong character. He could have chosen exile, but being dignified, he refused. Behind this fear of poisoning dictators lies the guilt for the deeds committed.

***

Istoria ne semnalează conducători pe care puterea dobândită i-a transformat în bolnavi psihici, cu obsesii de preamărire, chinuind propriul popor. Oare nu știau că răbdarea poporului are limitele ei?

*

History tells us of leaders whom the acquired power has turned into mentally ill people, with obsessions of exaltation, tormenting their own people. Did they not know that the patience of the people has its limits?

***

Pentru armonia acestei lumi fiecare dintre noi ar trebui să caute înțelegerea cu cel de lângă el. Dumnezeu nu ne-a trimis aici pe pământ să ne războim, ci în Pace să trăim!

*

For the harmony of this world, each of us should seek understanding with the one next to him. God did not send us here on earth to fight, but to live in peace!

DE ACELAȘI AUTOR

Noapte de iarnă (versuri, 1993);
Nopți albe (versuri, 1995);
Binele și Răul (proză, 1998);
Dragostea mea cea mare (versuri, 1998);
Albumul cu fotografii (proză, 1999);
Dincolo de noapte (versuri, 2000);
     postfață – Ion Papuc.
Piticul din ceașca de cafea (versuri, 2000);
Mai sunt bărbați buni (proză, 2001);
File de jurnal (proză, 2002);
Insomniile unei veri (versuri, 2002);
Ultima piruetă (proză, 2003);
Îngerul scrie poemul (versuri, 2003);
     prefață – prof. dr. Simion Bărbulescu.
Între spaimă și vis (versuri, 2004);
     prefață – prof. dr. Simion Bărbulescu.
Jurnalul unei veri (proză, 2005);
Suspine strigate (versuri, 2005);

prefață – prof. dr. Simion Bărbulescu
Cartea mamei (proză, 2006);
    prefață – prof. dr. Simion Bărbulescu.
Jurnal American (proză, 2007);
Singurătatea clipelor târzii (versuri, 2008);
Gânduri (proză, 2009);
    prefață – Vasile Filip.
Scrisori de departe (versuri, 2010);
Articole, eseuri, vol. I (publicistică, 2010);
Preaplinul tăcerilor (proză, 2010);
Poemele iubirii (versuri 2011);
Articole, eseuri, vol. II (publicistică, 2012);
Fulgurații (proză, 2012);
Tremurul gândului (versuri, 2012);
Articole, eseuri, vol. III (publicistică, 2013);
Love Story (versuri, volum bilingv, 2013);
    prefață – Eugen Evu, Doru Popovici.
Dialoguri îndrăgite (interviuri, 2013);
El și iubirea (versuri, 2013);
Popasurile vieții (proză, 2014);
Articole, eseuri, vol. IV (publicistică, 2014);
Înțeles târziu (versuri, volum bilingv, 2015);

De vorbă cu Îngerul (versuri, 2015);

Articole, eseuri, vol. V (publicistică, 2015);

O mie și una de...poeme (versuri, 2016);

> *prefață – Eugen Evu*

Articole, eseuri, vol.VI (publicistică, 2016);

Cugetări / Reflections (proză, 2016);

Antologie selectivă de referințe (proză, 2017);

> *prefață – Eugen Evu.*

Articole, eseuri, vol. VII (publicistică, 2017);

Cugetări (Reflections) (proză, 2017);

> *prefață – Eugen Evu.*

Note de jurnal american, vol. I (proză, 2017);

Articole, eseuri, vol. VIII (proză 2018);

Note de jurnal american – vol.II (proză 2018);

Cugetări / Reflections (proză 2018);

Întrebări și răspunsuri (proză 2018);

Închin acest pahar iubirii (versuri, volum bilingv, 2018);

> *prefață – Vasile Filip.*

Articole, eseuri, vol. IX (proză 2019);

Note de jurnal american – 3 (proza) 2019;

Cugetări / Reflections (2019);

Zbor despletit (versuri, volum bilingv, 2019);
Articole, eseuri, vol. X (proză 2019);
Note de jurnal american – vol. 4 (proză 2020);
Cugetări / Reflections (proză 2020);
Glasul inimii (versuri, volum bilingv 2020);
Articole, eseuri, vol. XI (proză 2020);
Simfonia Toamnei (versuri, volum bilingv, 2020);
Tăcutele ierni (versuri, volum bilingv, 2020;
Cugetări/Reflections (proză 2021);
Articole, Eseuri, vol.XII (proză 2021);
Voci de Primăvară (versuri, volum bilingv, 2021):
Vraja anotimpului iubirii (versuri, vol.bilingv 2021);
Mărturisiri (versuri,volum bilingv, 2021);
Articole, Eseuri, vol. XIII (proză 2022)

Made in USA
LULU ENTERPRISES
ISBN: 978-1-4583-6230-8
Date: 03/07/2022

www.ingramcontent.com/pod-product-compliance
Lightning Source LLC
Chambersburg PA
CBHW072143280526
45788CB00002B/765